Corpo e mente

Corpo e mente

Silvana de Souza Ramos

FILOSOFIAS: O PRAZER DO PENSAR
Coleção dirigida por
Marilena Chaui e Juvenal Savian Filho

wmf **martinsfontes**
São Paulo 2019

*Copyright © 2010, Editora WMF Martins Fontes Ltda.,
São Paulo, para a presente edição.*

1ª edição 2010
2ª tiragem 2019

Acompanhamento editorial
Helena Guimarães Bittencourt
Revisões gráficas
*Letícia Braun
Renato da Rocha Carlos*
Edição de arte
Katia Harumi Terasaka
Produção gráfica
Geraldo Alves
Paginação
Moacir Katsumi Matsusaki

Dados Internacionais de Catalogação na Publicação (CIP)
(Câmara Brasileira do Livro, SP, Brasil)

Ramos, Silvana de Souza
  Corpo e mente / Silvana de Souza Ramos. – São Paulo : Editora WMF Martins Fontes, 2010. – (Filosofias : o prazer do pensar / dirigida por Marilena Chaui e Juvenal Savian Filho)

  ISBN 978-85-7827-310-1

  1. Corpo e mente 2. Filosofia I. Chaui, Marilena. II. Savian Filho, Juvenal. III. Título. IV. Série.

10-06725   CDD-100

Índices para catálogo sistemático:
1. Filosofia   100

Todos os direitos desta edição reservados à
Editora WMF Martins Fontes Ltda.
*Rua Prof. Laerte Ramos de Carvalho, 133   01325-030   São Paulo SP Brasil
Tel. (11) 3293.8150 e-mail: info@wmfmartinsfontes.com.br
http://www.wmfmartinsfontes.com.br*

SUMÁRIO

Apresentação • 7
Introdução • 9

1 O mistério da união entre corpo e mente • 13
2 O ser humano como um corpo pensante • 32
3 Conclusão • 48

Ouvindo os textos • 51
Exercitando a reflexão • 57
Dicas de viagem • 62
Leituras recomendadas • 71

APRESENTAÇÃO
Marilena Chaui e Juvenal Savian Filho

O exercício do pensamento é algo muito prazeroso, e é com essa convicção que convidamos você a viajar conosco pelas reflexões de cada um dos volumes da coleção *Filosofias: o prazer do pensar.*

Atualmente, fala-se sempre que os exercícios físicos dão muito prazer. Quando o corpo está bem treinado, ele não apenas se sente bem com os exercícios, mas tem necessidade de continuar a repeti-los sempre. Nossa experiência é a mesma com o pensamento: uma vez habituados a refletir, nossa mente tem prazer em exercitar-se e quer expandir-se sempre mais. E com a vantagem de que o pensamento não é apenas uma atividade mental, mas envolve também o corpo. É o ser humano inteiro que reflete e tem o prazer do pensamento!

Essa é a experiência que desejamos partilhar com nossos leitores. Cada um dos volumes desta coleção foi concebido para auxiliá-lo a exercitar o seu pensar. Os temas foram cuidadosamente selecionados para abordar os tópicos mais importantes da reflexão filosófica atual, sempre conectados com a história do pensamento.

Assim, a coleção destina-se tanto àqueles que desejam iniciar-se nos caminhos das diferentes filosofias como àqueles que já estão habituados a eles e querem continuar o exercício da reflexão. E falamos de "filosofias", no plural, pois não há apenas uma forma de pensamento. Pelo contrário, há um caleidoscópio de cores filosóficas muito diferentes e intensas.

Ao mesmo tempo, esses volumes são também um material rico para o uso de professores e estudantes de Filosofia, pois estão inteiramente de acordo com as orientações curriculares do Ministério da Educação para o Ensino Médio e com as expectativas dos cursos básicos de Filosofia para as faculdades brasileiras. Os autores são especialistas reconhecidos em suas áreas, criativos e perspicazes, inteiramente preparados para os objetivos dessa viagem pelo país multifacetado das filosofias.

Seja bem-vindo e boa viagem!

INTRODUÇÃO
O que é ser humano?

Algumas ideias podem parecer muito claras, principalmente as que se referem a nós mesmos. Assim, acreditamos saber o que é o ser humano. Mas, se nos interrogamos um pouco, descobrimos aspectos nunca imaginados.

Segundo uma definição recorrente, formulada na antiga Grécia, por Aristóteles (385-322 a.C.), podemos dizer que o homem é um *animal racional*. Em linhas gerais, essa definição pretende explicitar o fato de que o homem, como qualquer animal, possui um corpo, embora não se reduza a isso. Noutras palavras, o homem não é apenas um animal, na medida em que não é capaz somente de realizar as tarefas exigidas para a manutenção da vida. O homem se alimenta, se reproduz, possui sentidos que lhe permitem explorar o mundo que o circunda, além de conviver com seres de diversas espécies.

Porém, é preciso acrescentar que ele possui uma existência espiritual: o homem crê, tem sentimentos, faz ciência, escreve livros, produz leis que organizam sociedades, faz arte e pode ainda refletir a respeito de tudo isso. Em resumo: o homem, diferentemente dos outros animais, é consciente daquilo que faz; e pode, pelo pensamento, ampliar constantemente o alcance e o sentido de suas atividades.

Até aqui, sentimo-nos seguros: a experiência parece garantir a evidência dessa formulação. Pois, ao definir o homem como um animal racional, parece que conseguimos dar conta dos elementos responsáveis por fazer de um homem, um homem. Mas será que essa definição realmente responde à pergunta a respeito de nosso ser? Não seria preciso investigar com maior cuidado o que é, afinal de contas, um animal ou um corpo vivo? Além disso, o que significa exatamente ser racional? Significa que somos os únicos seres a possuir uma mente capaz de pensar? Que seja! Mas, então, precisamos definir o que é mente e o que é pensamento... Poderíamos continuar multiplicando infinitamente nossas dúvidas. Temos certeza da existência de nosso próprio corpo? Ele não poderia ser uma ilusão, como num sonho?

Depois de fazer esse tipo de questionamento, já não sentimos a segurança de antes. Pois nossa definição inicial, em vez de responder à pergunta que fizemos, tornou-a muito mais difícil. Que fazer, então?

Para ajudar-nos a esclarecer nosso tema, acompanhemos a reflexão de dois pensadores extremamente importantes na história da Filosofia: René Descartes (1596-1650) e Maurice Merleau-Ponty (1908-1961).

1. O mistério da união entre corpo e mente

1. Pensar como um geômetra

Em sua obra *Meditações metafísicas*, o filósofo francês René Descartes salientou a insuficiência das definições para dar conta da natureza do homem. Segundo Descartes, não podemos definir algo que ainda desconhecemos, por meio de ideias igualmente desconhecidas. Em outras palavras, não devemos definir o homem como animal ou como racional se não sabemos exatamente o que significam as ideias de animalidade ou de racionalidade.

Mas, se assim é, será que ficaremos eternamente presos num círculo vicioso? Será que jamais poderemos responder a nossas dúvidas, sem multiplicá-las? Eis o desafio que Descartes se propôs vencer pelo estabelecimento de um novo método de reflexão. Para o filósofo, só chegaremos a conclusões seguras de sua validade partindo de ideias claras e distintas. Isto é, o caminho em direção ao conhecimento deve começar por alguma verdade já certificada por nós. Precisamos encontrar um solo seguro antes de começar a construção do saber. Por isso, Descartes sustenta que devemos pensar como geômetras, pois, quando um matemático não sabe, por exemplo, a altura de um triângulo, pode calculá-la por meio de medidas já conhecidas. Ele pode começar pela medida de um ângulo interno da figura, ou, ainda, pode partir da largura da base ou da hipotenusa. Essas medidas fornecerão os elementos iniciais por meio dos quais o geômetra poderá descobrir a altura do triângulo.

Muito bem. Apliquemos então o método do geômetra ao problema que estamos discutindo: o que é um ser humano? O que sabemos com segurança a respeito desse ser para que possamos enfim descrevê-lo com clareza?

2. Os sentidos nos enganam

Sabemos, em primeiro lugar, que temos cinco sentidos: a visão, a audição, o olfato, o paladar e o tato.

Vejamos, pois, que tipo de conhecimento os sentidos nos trazem e até que ponto eles são verdadeiramente confiáveis. Inicialmente, podemos dizer que eles nos permitem perceber as qualidades sensíveis do mundo exterior. Vemos cores, ouvimos sons, sentimos odores, sabores e texturas. Os sentidos são uma espécie de janela através da qual podemos apreciar a imagem do mundo sob diversos aspectos. Porém, questiona Descartes, será que essa imagem corresponde ao que o mundo realmente é? Noutras palavras, podemos confiar nas informações trazidas pelos sentidos?

Analisemos algumas situações. Quando avisto ao longe uma torre, ela me parece pequena, sinto que posso medi-la pela distância que separa meu dedo indicador do polegar. Contudo, quando me aproximo, percebo que se trata de uma enorme construção, imensamente maior que minha própria estatura. Ou, ainda, quando vejo um bastão mergulhado pela metade num recipiente com água, ele me parece quebrado. Porém, ao retirá-lo da água, percebo que ele está completamente intacto, sem nenhuma fissura. Que dizer dessas experiências? Nelas, não encontramos nenhuma certeza; pelo contrário, as informações dos sentidos se contradizem. A torre parece ora pequena, ora imensa; o bastão parece ora quebrado, ora inteiro. A conclusão de Descartes é simples e taxativa: na vida cotidiana, não é de bom senso confiar em alguém que já nos enganou alguma vez; do mesmo modo, no que se refere aos sentidos, notamos que em várias situações eles nos enganam, o que os torna indignos de confiança. Por isso, eles não podem ser o ponto de partida para desvendar a natureza do ser humano, pois muitas vezes fornecem informações contraditórias, e não seria espantoso se o que acreditamos saber através deles se mostrasse falso no futuro.

3. Estou sonhando?

Mas será que tudo o que sabemos através dos sentidos pode realmente ser enganoso? O que mais eles nos ensinam? Eles são apenas uma janela aberta para o mundo exterior? Não são capazes de nos mostrar algo a respeito de nós mesmos?

Neste momento, estou aqui, ouvindo o barulho da construção de um prédio na vizinhança de meu apartamento. Estou sentada em minha escrivaninha, calçando chinelos confortáveis, porque faz muito calor. Não é somente o mundo exterior que percebo: os sons da cidade, o frescor do vento, a luz do sol que ilumina as cortinas. Percebo também que tenho um corpo, do qual aparentemente não posso me separar. Posso, evidentemente, sair de casa para ir à feira comprar frutas com as quais farei um suco mais tarde. Todavia, seria aparentemente absurdo que eu pudesse me distanciar de meu próprio corpo. Não estaria aí uma certeza? Não é evidente que eu *sou* este corpo, capaz de neste momento digitar frases no computador, ou de ir daqui a alguns minutos à rua, comprar alguma coisa?

Pensemos um pouco, para ver se realmente estamos diante de uma verdade. É certo que me percebo como um corpo, e que neste momento pareço não encontrar nenhum motivo para duvidar disso. Porém, vejamos se essa certeza não pode ser abalada de algum modo.

Assim como me parece certo que estou neste momento acordada, trabalhando na redação deste livro, algumas vezes, quando dormia, tive sonhos que me pareceram igualmente reais. Já sonhei que estava andando por um bosque sombrio, e senti tanto medo que acordei com o coração sobressaltado pelo desespero. Já sonhei também que estava passeando num lindo campo coberto de flores, num país distante, e acordei com a sensação de que um suave perfume invadia o ambiente. Durante esses sonhos, tinha certeza de estar naqueles lugares, vestindo roupas esvoaçantes, quando, na verdade, estava deitada em meu quarto, de pijama, dormindo. É claro que muitas vezes tive sonhos tão absurdos que não chegaram a me convencer de sua realidade. Não acreditei verdadeiramente que podia voar de um penhasco ou mergulhar nas profundezas do mar sem proteção alguma. Contudo, no momento em que me sentia no bosque ou no campo de flores, tinha certeza de que tudo era real. Em nenhum momento pude perceber que se tratava apenas de um sonho. Após despertar, e me dar conta do que realmente havia acontecido, me surpreendi profundamente com a força das sensações proporcionadas pelo sonho. Como pude me enganar daquela maneira?

Descartes meditou bastante a respeito da experiência do sonho. Para o filósofo, o sonho não apenas impressiona pela capacidade de nos enganar. O problema da vivacidade do sonho não se limita à dificuldade imposta para discernir que estamos dormindo, quando nos cremos acordados. Pior que isso, a vivacidade do sonho revela que não temos nenhum argumento poderoso o suficiente para garantir com toda certeza que estamos acordados neste momento, ou em qualquer momento. Afinal, o que nos garante que não vamos acordar daqui a pouco? Não passamos pelo menos uma vez por essa experiência? Não acreditamos que estávamos num determinado lugar, vestidos de certa maneira, vendo e sentindo muitas coisas, quando tudo não passava de um sonho? E agora, o que me dá a certeza de que este barulho da construção ao lado não é mera ficção? O que garante que meu corpo está realmente sentado diante do computador, ou que minhas mãos digitam letras deste alfabeto que me fora ensinado na infância?

A dificuldade com que deparamos agora parece esgotar nossas forças. Quer dizer que não podemos ter certeza de que realmente somos um corpo, localizado num tempo e num espaço determinados? Exatamente. Não é apenas o mundo exterior que se tornou misterioso para nós. Nossa própria existência corporal parece completamente atulhada de dúvidas. Devemos concluir, portanto, que não podemos avançar em direção à verdade começando pelos sentidos, já que não temos certeza nem mesmo do lugar ocupado por nosso corpo no mundo externo. Isso, caso meu corpo e o mundo externo realmente existam. Mas também não tenho certeza disso, já que a experiência sensível não traz nenhuma informação livre de dúvida... Que fazer, então?

4. Dois mais dois são quatro?

A situação é difícil. Contudo, não basta esconder o rosto e sair de fininho. Descartes não se deteve diante dos problemas que foi encontrando pelo caminho. Mas como continuar? O que pode resistir a esse rigoroso exercício da dúvida?

Pois bem, até agora, não pudemos sustentar nenhuma certeza a respeito daquilo que recebemos pelos sentidos. Aparentemente, eles nada nos ensinam sobre o mundo externo, tampouco revelam algo sobre nós mesmos. Porém, nossa existência não é apenas corporal e sensível. Nisso, Aristóteles tinha um pouco de razão. Há certos conhecimentos que não podem ser adquiridos pelo mero desfrute da sensibilidade. Por exemplo, pondera Descartes, as ideias matemáticas não dependem das qualidades sensíveis dos objetos. Também não dependem de meu estado atual de consciência: acordado ou sonhando, posso ter certeza de que a soma de dois mais dois é sempre igual a quatro.

Mas não me enganei tantas vezes? Por que posso agora ficar segura de estar diante de algo verdadeiro, sem antes examinar o problema com o devido cuidado?

Sei que sou falível, visto que até o momento não encontrei nada de certo. Só as verdades matemáticas ainda me parecem dignas de confiança. Porém, como fomos cautelosos até agora, não nos apressemos. Suponhamos que exista um ser ou um deus muito poderoso que, por alguma razão, depositou em nós a certeza de que todas as vezes em que somamos dois mais dois obtemos quatro. Mas, e se esse ser é enganador por natureza, valendo-se de seu magnífico poder para nos forçar a acreditar nisso, embora esta operação seja falsa? Devemos admitir que nossas limitações não permitem refutar a hipótese de que possa haver um ser mais poderoso e mais inteligente do que nós, capaz de agir desse modo. Isso significa que não podemos confiar na matemática, visto que a hipótese de um ser poderoso e enganador aparece neste momento como fonte de dúvida.

5. Suspender o juízo

Até agora, pouco descobri a meu respeito, embora tenha encontrado razões para duvidar de tudo. Não estava à caça de uma primeira verdade a partir da qual pudesse construir um conhecimento seguro a respeito de meu ser? Eis que me encontro numa situação muito precária. Antes, tinha certeza de pertencer à espécie dos homens – acreditava ser um animal racional; agora, parece que não sei de mais nada. Pode ser que todas as crenças que sustentei até hoje não passem de ficções, sem nenhuma validade. Parece que cheguei ao fundo do poço ou no limite máximo da dúvida.

Diante dessa situação, Descartes aconselha o seguinte: quando alimentamos uma crença (por exemplo, acredito que sou um corpo que caminha sobre a Terra, ou que dois mais dois são quatro), e, de repente, descobrimos razões muito fortes para duvidar dela, devemos suspender o juízo. Que significa isso? Significa admitir que, nesse momento, não temos condições de saber se a crença que nutríamos é verdadeira ou não. Eu tinha razões para acreditar que era um corpo, mas, depois de refletir sobre o sonho, sei que isso não é tão certo. Também tinha certeza da verdade envolvida pelas operações matemáticas. Agora, porém, depois de pensar na hipótese de um deus enganador, suspeito que possa me enganar inclusive a respeito delas. Por isso, a única atitude sensata neste caso é a de não julgar: mantenho meu juízo suspenso, até encontrar razões infalíveis que me permitam julgar com clareza, e, assim, decidir a respeito. Somente desse modo poderei evitar o erro de admitir uma crença que possa mais tarde se revelar inteiramente falsa.

6. Penso, logo existo

Parece que o exercício da dúvida não nos trouxe nenhum saldo positivo. Pelo contrário, tenho a sensação de que estou diante de um amontoado de ruínas: tudo o que eu acreditava ser real e verdadeiro está agora mergulhado em incerteza. Procurava alguma verdade segura; porém, só encontrei razões para duvidar.

No entanto, afirma Descartes, há algo que escapa completamente ao exercício da dúvida. Algo que não pode ser colocado em dúvida e que, pelo contrário, é revelado pelo próprio ato de duvidar. Pois, ainda que eu me questione sem cessar e só encontre razões para suspender meu juízo, não posso negar que toda vez que duvido, *existo*. Sou *eu* que reviso minhas crenças e as coloco na balança para ver se pesam o suficiente para que eu continue acreditando nelas. Sou *eu* que penso a respeito de minha natureza, a respeito do poder de meus sentidos, a respeito do mundo sensível que parece me envolver, a respeito das operações matemáticas realizadas em meu espírito. Por trás de cada um desses atos, há um *eu* que existe, enquanto duvida. Não sei ainda se ele possui um corpo localizado no mundo material, mas não há dúvida de que ele é capaz de questionar suas faculdades intelectuais e de pesar suas crenças.

Cabe perguntar, então: o que é duvidar? Duvidar é pensar! Portanto, mesmo que eu não tenha certeza sobre minha existência corporal, o exercício da dúvida me garante que *eu* sou *pensamento*. Por isso, Descartes afirma sem titubear: *Penso, logo existo*.

7. Deus é veraz

Mas espere um pouco. Eu não havia levantado a hipótese de que um ser muito poderoso poderia me enganar a respeito das verdades matemáticas? Não posso agora ser vítima da ação de seu poder, quando acredito na minha existência pensante?

Reconheço em mim uma série de imperfeições: sou falível, engano-me constantemente, tenho dúvidas, desejo saber a verdade a respeito de tudo (exatamente porque não possuo o conhecimento a respeito de tudo!). Porém, isso não impede que eu tenha em meu espírito a ideia de um ser diferente de mim, ou seja, de um ser capaz de tudo saber, livre e soberano em seu poder, e que não deseja nada, porque não carece de nada. Um ser que, em resumo, é a realização máxima da perfeição.

Pois bem, se esse deus tem poder sobre mim, ele não pode me enganar. O engano e a mentira são sinais de imperfeição, e não poderiam pertencer à natureza de um ser sumamente perfeito. Por isso, diz Descartes, podemos ficar tranquilos: se há um deus, ele só pode ser fonte de verdade, nunca de falsidade. Mais que isso, podemos agora ter certeza da primeira verdade que conquistamos: *somos pensamento*, disso não precisamos mais duvidar.

Notamos que esta primeira verdade aparece em nosso espírito com clareza e distinção. Executei diversas manobras para tentar ofuscá-la, mas nada diminuiu sua luz. A partir de agora, devo buscar outras verdades que brilhem tão intensamente quanto minha própria existência pensante.

8. Um mundo geométrico

É claro que Descartes não se detém diante da primeira verdade conquistada. Nossa meditação deve prosseguir, já que é preciso construir um saber seguro sobre o mundo externo. Afinal, minha existência pensante guarda indícios de uma vida do corpo, diante da qual não posso ficar indiferente. Não posso negar que ame ou odeie certas coisas, quando são fontes de prazer ou de aversão; não posso duvidar que sinta fome ou sede, quando me privo de alimento ou de água. Preciso explicar tudo isso, para realmente dar conta da complexidade de meu ser. Em suma, preciso saber como se produz em mim uma ideia verdadeira do mundo material explorado por meus sentidos; preciso esclarecer por que meu corpo reclama, se me nego a atender seus apelos.

Depois de afastada a hipótese do deus enganador, sinto-me segura a respeito das verdades matemáticas. Sei, contudo, que os sentidos me enganam. Mas talvez possa agora remediar esta dificuldade, aplicando ao conhecimento das coisas materiais a eficácia do modelo geométrico. Noutras palavras, devo investigar se a percepção, submetida ao critério da verdade racional, não me permite desvendar o mundo como se ele fosse um conjunto de objetos delimitados por formas geométricas. A partir de então, poderei *conhecer* o mundo exterior, sem temer o risco do engano.

Mas como eu poderia fazer isso? Acaso os objetos do mundo são adequados à perfeição das figuras geométricas? Posso encontrar no mundo um círculo, um quadrado ou um triângulo perfeito? Sim e não. Certamente, se me limito aos olhos do corpo, só encontro figuras confusas, sem forma precisa. Porém, se despojo o mundo de suas qualidades secundárias (as cores, as texturas e tudo aquilo que me atinge sensivelmente, confundindo minha razão), encontro objetos geometricamente organizados.

Para Descartes, a física de Galileu fornece um modelo confiável de compreensão dos fenômenos da natureza. Foi Galileu Galilei (1564-1642) quem observou o céu com os olhos da razão, regrados pela matemática. Isso significou uma descoberta impressionante para a época. Pois, enquanto os homens observavam apenas a impressão sensível causada pelo nascimento e pelo pôr do sol, acreditavam que a Terra era um astro fixo, localizado no centro do universo, e que o sol girava em torno dela. Com a ajuda de observações calculadas matematicamente, Galileu dissipou essa confusão, conseguindo mostrar que é a Terra que gira em torno do sol, embora nossos sentidos nos façam crer no contrário.

Devemos, portanto, seguir o exemplo de Galileu e compreender que nossos olhos nunca podem ver com clareza os verdadeiros contornos e movimentos existentes no mundo objetivo. Pois, entregue à sensibilidade, estarei sempre confusa, tornando-me presa fácil do erro. Mas basta regrar minha visão pelo pensamento, para que não mais me engane. Se o bastão me parece ora quebrado, ora inteiro, devo pedir socorro à razão. Observando a situação, a mente poderá discernir a ilusão ótica que confunde meus olhos quando contemplo o bastão mergulhado na água. Assim, saberei que o bastão não está quebrado, ainda que algumas situações distorçam minha percepção. Do mesmo modo, poderei compreender por que a torre me parece pequena, se vista de longe. As regras da perspectiva mostram que a distância nos faz ter a sensação de que os objetos sejam pequenos, quando na verdade não são. Se o mundo me desconcerta quando me limito a percebê-lo com a ajuda dos sentidos, ele se torna claro no momento em que peço socorro à razão.

9. O mistério da relação entre o corpo e a mente

Mas será que todos os âmbitos da experiência podem ser esclarecidos pela razão? Realizado esse longo caminho, nossa mente pensante pode se sentir sempre segura?

Não é bem assim. Há uma região da experiência que jamais poderá ser esclarecida completamente. Pois, para descobrir que sou uma *coisa pensante*, tive de me separar de meu corpo e considerar que ele poderia ser mera ilusão. Porém, ao recuperar o mundo exterior pela matemática, descobri outro tipo de *coisa* ou de *substância*, diferente do pensamento. Descobri *coisas materiais* que repousam ou se movimentam, ocupando lugares no espaço e no tempo. Descobri que posso compreendê-las, considerando-as figuras geométricas perfeitas. Em suma, tudo o que percebia confusamente pelos sentidos ganhou agora uma existência segura, no interior de um mundo geometricamente organizado.

Preciso, porém, explicar ainda minha existência corporal, saber se ela não é apenas sonho. Preciso compreender como meu corpo – este objeto de matéria que me é tão próximo – pode se comunicar com a mente, isto é, com minha existência pensante. Noto que a fome e a sede me causam tristeza. Isso me permite concluir que meu corpo *age* de algum modo sobre a mente, o que me fornece um indício de que ele realmente exista. Porém, quando meu pensamento se esforça para compreender essa relação, não consegue vê-la com clareza.

Afinal, como um apelo corporal pode causar um sentimento na mente? Alcançamos aqui um limite que não pode ser vencido, pois o pensamento compreende aquilo que pode ser "distinto" ou "separado", mas não capta inteiramente o significado de misturas que não podem ser inteiramente desfeitas.

Sendo assim, posso me compreender com clareza e distinção, quando me tomo apenas como pensamento. Posso também descrever o funcionamento mecânico de meu corpo, considerando-o uma máquina que funciona segundo as leis da física. Minha existência viva, contudo, é uma mistura: sou um corpo material unido a uma mente pensante. Tenho sentimentos, sinto fome, percebo confusamente as coisas exteriores. Tais experiências concernem à minha existência encarnada, isto é, à mistura de matéria e pensamento que faz de mim o que sou. Ora, para Descartes, ainda que eu gaste o resto de meus dias meditando sobre isso, a experiência da *mistura* da mente com o corpo, a qual faz de mim uma existência viva no mundo, será sempre um mistério que jamais poderei esclarecer inteiramente.

2. O ser humano como um corpo pensante

1. O império da razão

Até agora, fomos conduzidos em nossa reflexão pelo ponto de vista de Descartes. Experimentamos a dúvida sobre a veracidade de nossos sentidos e sobre a existência do corpo e do mundo; garantimos nossa existência *pensante*; regramos nosso juízo, para que, a partir de então, o erro fosse evitado; descobrimos um mundo material organizado geometricamente; descobrimos que somos um corpo material que percebe confusamente o mundo; assumimos, por fim, o mistério da união da mente com o corpo.

É certo que Descartes nos conduziu com muito rigor ao longo do caminho. Foi preciso assumir o método do geômetra, e estabelecer a verdade clara e distinta como critério, para que pudéssemos saber um pouco mais acerca de nossa natureza e de nossa capacidade de conhecer. Fechamos os olhos do corpo, para abrir os olhos da mente. Sem este primeiro passo, continuaríamos vagando em meio às informações contraditórias fornecidas pela sensibilidade; jamais chegaríamos às certezas conquistadas pela razão. Pois, através dos sentidos, nunca saberíamos ao certo se a torre é pequena ou grande; se o bastão mergulhado na água está quebrado ou intacto. Somente depois de ponderar pelo pensamento é que julgamos qual dos dados contraditórios pode ser considerado verdadeiro. Descartes nos ensinou, portanto, que é preciso convocar uma instância superior, capacitada para julgar a verdade ou a falsidade de qualquer informação vinda dos sentidos. Entretanto, a meditação cartesiana não conseguiu desvendar o mistério de nossa existência viva.

2. Recomeçar, pelo início...

Todo filósofo que se preze busca a verdade. Isso não impede, contudo, que ele menospreze os indícios fornecidos pela experiência. Descartes fundou o racionalismo moderno e deu um passo decisivo para a história do pensamento ocidental. Ele descobriu o poder da razão para dominar o mundo objetivo, e não devemos esquecer sua importância nem a profundidade de seu pensamento. Tampouco devemos nos espantar com o fato de que, até hoje, cerca de quatro séculos após a publicação das *Meditações*, muitos filósofos se voltem para o pensamento cartesiano, no intuito de encontrar uma via segura para o conhecimento. Outros, porém, refletindo sobre nosso ser no mundo, preferiram criticar a posição cartesiana, assumindo o desafio de explicar o ser humano por meio da experiência viva que o liga ao mundo sensível.

O filósofo francês Maurice Merleau-Ponty começou sua vida intelectual no início dos anos 1940, questionando exatamente a "herança cartesiana". Num de seus livros mais importantes, a *Fenomenologia da percepção*, o filósofo pondera que nossa compreensão da experiência está completamente contaminada pela reflexão realizada nas *Meditações*. Quer dizer, o intelectualismo de Descartes moldou nossa forma de pensar, e parece nos impedir de trilhar um caminho diverso em direção à verdade. Isso significa que a força e a agudeza do pensamento cartesiano fazem que ele apareça em nossa cultura como uma herança inegável e como um prejuízo difícil de ser superado. Afinal, depois de tudo o que foi dito sobre a sensibilidade, como poderíamos ainda almejar descobrir alguma coisa acerca de nós mesmos, partindo da experiência corporal? Como defender que há um *saber* do corpo e dos sentidos, anterior a qualquer pensamento?

Para Merleau-Ponty, só compreenderemos o papel da sensibilidade efetuando dois questionamentos fundamentais.

Em primeiro lugar, é preciso dizer que Descartes não começou pelo início. Melhor dizendo, Descartes burlou o início quando recusou a sensibilidade, fazendo dela uma fonte inesgotável de incerteza e de dúvida. Não seria o caso de pensar a respeito das incertezas do mundo sensível? Não haveria um modo de compreendê-las, sem julgá-las pela razão? Por que negar tão rapidamente o corpo e os sentidos? Será que é realmente inviável começar por eles?

Em segundo lugar, ao dar primazia à razão, Descartes separou a mente do corpo, produzindo uma abstração. Afinal, a vida concreta é sempre encarnada, isto é, não há pensamento que não conte com a experiência sensível. Pois, antes de pensar sobre o mundo, antes de decidir qualquer coisa pela reflexão, sou um corpo que circula pela Terra, segundo suas próprias coordenadas. Posso, pelo pensamento, recusar este início e, posteriormente, esquecê-lo. Posso decretar que a união da mente com o corpo será sempre misteriosa. Mas isso não muda o fato de que, antes de pensar, preciso perceber, isto é, mergulhar através de meu corpo num mundo que me envolve, sem que eu possa verdadeiramente negá-lo.

Em suma, quando damos início a qualquer pensamento, somos um corpo complexo, mergulhado nas incertezas do mundo sensível. Não é um sujeito pensante que dá partida à reflexão, mas um sujeito encarnado, que responde aos questionamentos do mundo. Para Merleau-Ponty, é esta a verdadeira origem de toda e qualquer reflexão.

3. Desvendar os mistérios do corpo

Mas o que significa dizer que eu *sou* um corpo complexo? O próprio Descartes dizia que nosso organismo possui cinco sentidos através dos quais explora o mundo. Entretanto, não podemos ir além desta constatação trivial e investigar um pouco mais sobre essa poderosa máquina que fascina qualquer um que se dedique a estudá-la?

Falamos em *máquina*, mas talvez o vocabulário cartesiano não seja adequado. Pensar o corpo dessa forma significa fazer uma analogia repleta de dificuldades. Uma máquina é uma construção humana. Claro que se trata de um objeto complexo, uma vez que é formado pela junção de peças, que funcionam de maneira coordenada. O corpo humano, por sua vez, possui diversos órgãos articulados entre si. O coração, por exemplo, faz que o sangue circule pelo organismo, fornecendo-lhe o oxigênio necessário à vida. Não se pode dizer, entretanto, que as partes do corpo tenham sido unidas por um artífice, que encaixou certas peças para produzir uma máquina. Nada disso. A unidade do corpo não é o resultado da amarração de uma série de elementos primários, existentes antes de o organismo começar a viver.

Desde a formação do feto, o organismo se comporta como uma totalidade que, aos poucos, multiplica suas células, que vão se especializando em certas funções. Começam a aparecer células nervosas, células musculares, células ósseas, células adiposas, entre outras. No decorrer desse desenvolvimento, os órgãos surgem progressivamente, até que o organismo se torne maduro o suficiente para nascer. A partir de então, o corpo começará sua jornada de exploração do mundo, e em cada momento de sua vida desenvolverá novas habilidades. Aprenderá a se alimentar, a andar, a falar, a escrever, a dançar... Será mais eficaz em algumas tarefas; em outras, nem tanto. Muitas, nem chegará a aprender. Estará sujeito às paixões, ao cansaço, à doença e à morte. Mas, enquanto viver, será uma totalidade estruturada e expressiva. Não será um mero exemplar de uma série de objetos igualmente construídos. Pois carregará consigo a história de seu desenvolvimento; história que fez e fará dele *este* corpo concreto, que se levanta diante dos outros e do mundo.

Por tudo isso, um corpo não pode ser comparado a uma máquina. A máquina surge da junção de partes indiferentes entre si. O corpo, ao contrário, surge de uma *explosão* de partes intimamente ligadas. Porque carrega consigo sua própria história, ele não é um artefato mecânico, em meio a outros artefatos de igual utilidade. Um corpo é uma existência única, com suas dificuldades e virtudes próprias. Por isso, Merleau-Ponty afirma que, ao falar em corpo, devemos considerar justamente a riqueza expressiva abarcada por esse organismo singular que é o corpo "humano". Um corpo que não é um pedaço de matéria animada, mas sim um "corpo próprio", isto é, uma organização vivente que expressa *alguém* em cada um de seus movimentos.

4. Eu sou este corpo no mundo

O pensamento cartesiano começa pelo refúgio na solidão, pois, para refletir sobre minhas ideias e crenças, tenho necessidade de me isolar em minha existência *pensante*. Merleau-Ponty, ao contrário, começa mostrando que o corpo *próprio* está sempre imerso num emaranhado de relações. Por mais que tente se isolar, não consegue fazê-lo. Precisamos compreender, então, como se dá essa abertura concreta do corpo à complexidade do mundo sensível.

Neste ponto, devemos retomar a discussão sobre o funcionamento dos sentidos. Pois o corpo humano não é apenas um conjunto estruturado de órgãos; ele possui sentidos que o ligam ao ambiente que o cerca. Para Merleau-Ponty, isso significa que o corpo é uma estrutura *intencional*. Quer dizer, o corpo mantém sempre abertas suas diferentes janelas sensíveis. Pois, ao descrever a experiência concreta, noto que não existe uma visão, um tato ou alguma percepção desligada de elementos provenientes do mundo exterior. Em outras palavras, não há percepção abstrata, porque perceber é sempre perceber *alguma coisa*. Há, portanto, uma ligação umbilical entre o corpo e o mundo, de modo que descrever a experiência corpórea exige, ao mesmo tempo, descrever a experiência que o corpo entretém com seu mundo.

Isso significa que meu corpo é constantemente convocado pelo mundo exterior. Entretanto, devo acrescentar que ele aceita essa convocação *por inteiro*. O corpo nunca explora o mundo através de um único sentido. Uma cor tem o poder de convocar uma textura, um sabor, uma melodia e um odor. Esta formulação pode parecer um pouco estranha inicialmente. Mas poderemos compreendê-la melhor se notarmos um fenômeno bastante interessante. Quando, por exemplo, alguém pinta uma parede de vermelho, costuma dizer que a cor *aquece* o ambiente. Evidentemente, a pessoa não quer dizer com isso que o lugar literalmente mudará de temperatura porque as paredes foram pintadas de uma cor diferente. Claro que não! Simplesmente, ela quer dizer que a percepção visual do vermelho convoca a sensação tátil do calor. Mas não só isso. A cor vermelha deixa o ambiente energizado, insinuando o sabor picante da pimenta ou, ainda, o ritmo das melodias latinas. É isso que Merleau-Ponty quer dizer quando afirma que o corpo próprio responde *por inteiro* às insinuações do mundo sensível. Pois uma qualidade sensível convoca *todos* os meus sentidos, de modo que meu corpo inteiro responde ao que se apresenta à percepção.

Dizíamos anteriormente que os diferentes órgãos do corpo humano guardam entre si uma relação íntima. Entretanto, ao estudar o funcionamento de nossos sentidos, descobrimos outro nível de unidade. Notamos que os sentidos também se interligam de maneira íntima. Porém, essa outra unidade possui uma virtude especial: ela é uma unidade *exploratória*. Quer dizer, quando uma forma sensível atrai um sentido (a visão, por exemplo), os demais sentidos são também convocados a interagir. A parede vermelha diante de mim é um polo de experiência que convida *todo* o meu corpo à exploração de suas qualidades.

Podemos, entretanto, ir um pouco mais longe nesta descrição e notar que uma cor desperta o poder corporal do movimento. Pois, de acordo com a mobilização dos diferentes sentidos, meu corpo assume um ritmo peculiar de existência. Uma cor "calma", como o verde ou o azul, sugere que meus membros fiquem relaxados e que meus olhos percorram aos poucos a superfície colorida. O vermelho, por sua vez, exige movimentos ágeis, e não permite que eu assuma uma atitude passiva. Merleau-Ponty denomina essa relação do corpo com o exterior *intencionalidade motriz*. Com isso, o filósofo acentua o fato de que meu corpo mantém sempre uma postura curiosa diante do mundo. Não estou no mundo como alguém que o contempla a distância. Estou imersa numa aventura que a cada instante me permite descobrir um pouco mais a respeito de um mundo que não cansa de me surpreender. Ao contrário do que Descartes dizia, não me sinto paralisada diante das contradições do mundo sensível. Pelo contrário, a complexidade do mundo é para mim um estímulo para ir além, ou seja, ela sugere que não devo me contentar com a primeira impressão, já que o mundo guarda infinitas descobertas que mobilizam constantemente meu poder exploratório.

5. A riqueza do mundo

Descrevendo a percepção, descobrimos que estamos integrados ao mundo por meio de nosso corpo e de nossos sentidos. Esta é a nossa verdadeira condição. Para compreendê-la, precisamos nos afastar dos prejuízos cartesianos. Descartes havia defendido que os sentidos não são dignos de confiança, pois não trazem nenhuma marca de verdade. Daí o necessário recurso à razão. A atitude de Merleau-Ponty, ao contrário, sugere questionar a percepção em si mesma. Por um lado, precisamos admitir que a percepção não carrega consigo nenhuma marca definitiva de verdade ou de falsidade. Por outro lado, é preciso salientar que apenas a percepção pode nos revelar suas limitações momentâneas e, assim, ampliar nosso horizonte de experiência.

Que isso quer dizer? Como é possível desvendar a verdade e a riqueza do mundo através do poder exploratório do corpo?

Por exemplo, ao caminhar pela praia num dia ensolarado, avisto ao longe um monte de areia. Um pouco adiante, percebo que se trata de um pedaço de tronco arremessado à beira da praia. Entretanto, ao me aproximar ainda mais, verifico que não se trata de um monte ou de tronco, mas sim de um cachorro que descansa sob o sol. Não precisei recorrer a uma instância superior (ou seja, à razão) para corrigir minha percepção: a sensibilidade carrega consigo o poder de corrigir-se, conforme minha exploração do mundo se aprofunda.

Isso significa que a percepção de alguma coisa não é um momento instantâneo, sem relação com o todo de minha experiência. Vislumbro, em cada aspecto sucessivo do mundo, um horizonte infinito de aparições sensíveis que aguardam minha exploração. Posso momentaneamente me enganar, acreditar que se trata de um tronco, quando na verdade é um cachorro. Porém, depois de investigar outros aspectos, obtenho um conhecimento mais profundo e mais seguro.

Devo admitir, de qualquer modo, que o mundo possui uma riqueza que não pode ser abraçada num único relance. Se continuasse observando o cachorro, certamente descobriria novos aspectos de seu ser. O exercício da percepção mostra que é preciso se demorar diante das aparições do mundo para saber um pouco mais a seu respeito. Noutras palavras, a percepção não me engana definitivamente, pelo contrário, é através dela que entro em contato com a inesgotável riqueza do mundo. Em suma, a percepção é um movimento exploratório infinito porque o mundo sensível é um polo inesgotável de experiência.

6. Sou um pensamento encarnado

Mas será que essa descrição da experiência sensível dá conta de nosso ser pensante? Como podemos compreender o pensamento, sem esquecer que toda experiência é iniciada pelo corpo?

Neste ponto, devemos ser coerentes e continuar dando ao corpo o papel principal. Contra Descartes, devemos reconhecer que o pensamento não é um acontecimento exterior ao corpo. Afinal, onde o pensamento acontece originariamente? Numa alma, separada do corpo? Numa mente, ligada misteriosamente à experiência sensível? Não. Segundo Merleau-Ponty, o pensamento acontece *nas palavras*. E estas, por sua vez, são, antes de tudo, um gesto corporal. Pois, antes de ser uma ideia abstrata, a palavra é um som produzido por meu corpo. É uma ilusão, portanto, considerar que eu seria capaz de pensar, se não possuísse originariamente o poder corporal da fala.

Muitas vezes, quando falo a respeito de algo, surpreendo-me com minhas próprias palavras. Pois, de repente, surge uma formulação inesperada que me permite responder a uma questão de maneira inédita. Não pensei aquilo antes de falar. A ideia tampouco estava guardada em minha memória. Foi durante o exercício da fala que cheguei àquela conclusão. Portanto, foi por meio de uma viva articulação das palavras que elaborei meu pensamento e conquistei um novo sentido. O mesmo acontece quando escrevo. Encontro-me diante de uma página em branco. Ponho-me a digitar frases, tentando desenvolver um raciocínio. De repente, o texto começa a surgir e ganhar vida própria. As palavras vão se ligando umas às outras, e se abre um horizonte de pensamento que passo a explorar ferozmente. Por fim, alcanço uma formulação diante da qual me sinto contente, e o discurso se fecha por um momento, até ser reaberto pelo leitor, que compartilhará minhas ideias, na medida em que retomar, por sua própria conta, o caminho percorrido por minhas palavras. Não foi um pensamento puro que realizou a proeza de criar significações partilháveis. Foi um pensamento encarnado em palavras e retomado através delas.

Depois de realizado o pensamento, posso me iludir, acreditando que um espírito desprovido de corpo poderia pensar. Porém, se descrevo minha experiência viva, descubro que o poder de pensar se origina num corpo capaz de produzir e de compartilhar palavras através da fala e da escrita.

3. Conclusão

Eis que, com a ajuda de Merleau-Ponty, trilhamos um percurso investigativo diverso daquele de Descartes e alcançamos uma nova compreensão do ser humano. Agora, nossa existência encarnada não é mais um mistério insolúvel. Afinal, partindo do corpo próprio, desvendamos todas as dimensões de nosso ser.

Sou um corpo próprio, isto é, um poder exploratório que não cansa de se surpreender com a riqueza inquietante do mundo. *Sou*, ainda, um corpo falante, que realiza o pensamento através das palavras. Sou percepção e pensamento, porque não sou *apenas* um corpo material ou uma mente soberana: sou um corpo sensível capaz de ir além de si mesmo em direção à riqueza do mundo; sou um corpo falante capaz de abrir o horizonte compartilhável do pensamento.

Se o mundo se apresenta diante de mim como algo inesgotável, sei que carrego comigo o poder corporal de explorá-lo por meio de meus sentidos e de expressá-lo através de minhas palavras, ainda que jamais consiga dominá-lo completamente. Mas talvez isso não seja um problema...

OUVINDO OS TEXTOS

Texto 1. Santo Agostinho (354-430), *A diferença entre o homem exterior e o homem interior*

Vejamos onde se encontra como que o limite entre o homem exterior e o interior. Tudo o que temos na alma e em comum com os animais dizemos com razão que pertence ao homem exterior. O homem exterior não é apenas definido pelo seu corpo, mas também por certa manifestação de vida, que confere vigor a todas as articulações e sentidos corporais, instrumentos esses da percepção do mundo exterior. E, quando as imagens percebidas pelos sentidos e fixadas na memória são revistas, mediante a recordação, elas também se referem ao homem exterior. Em todos esses pontos, não somos diferentes dos animais, a não ser pela atitude natural de nosso corpo: os animais são curvados para o chão, nós somos eretos. [...] E, assim como nosso corpo tem possibilidade natural, por estar ereto, de olhar para os corpos colocados nas maiores alturas, isto é, para os do céu, também a alma, substância espiritual, deve elevar-se ao mais sublime da ordem espiritual, inspirada não pela soberba, mas por um piedoso amor pela justiça. [...] Quanto a essa parte de nosso ser que não nos é comum com os animais, certamente relaciona-se com a razão. E, mesmo que ela derive dessa substância racional de nossa mente, pela qual aderimos à verdade superior inteligível e imutável, ela está, entretanto, destinada ao trato com as coisas inferiores e apta a governá-las.

SANTO AGOSTINHO. *A Trindade*. Livro XII, caps. 1 e 3.
Trad. Agustino Belmonte. São Paulo: Paulus, 1995, pp. 365-7.
Trecho adaptado por Juvenal Savian Filho.

Texto 2. René Descartes (1596-1650), *A substância pensante*

Enquanto eu queria pensar que tudo era falso, era necessário que eu, ao pensar, fosse alguma coisa. E, notando que esta verdade *"eu penso, logo existo"* era tão firme e tão certa que todas as mais extravagantes suposições dos céticos não seriam capazes de a abalar, julguei que podia aceitá-la, sem escrúpulo, como o primeiro princípio da Filosofia que procurava. Depois, examinando com atenção o que eu era, vi que eu podia supor que não tinha corpo algum e que não havia qualquer mundo, ou qualquer lugar onde eu existisse; mas nem por isso podia supor que não existia. Vi também que, ao contrário, pelo fato mesmo de eu pensar em duvidar da verdade das outras coisas, já decorria com muita evidência e certeza que eu existia. Vi, por fim, que, se tivesse parado de pensar, apesar de tudo o que eu já tivesse imaginado alguma vez como verdadeiro, não teria qualquer razão para crer que eu tivesse existido. Compreendi por aí que era uma substância cuja essência ou natureza consiste apenas no pensar. Essa substância, para ser, não necessita de nenhum lugar, nem depende de qualquer coisa material. Dessa maneira, esse "eu", isto é, a alma, pela qual sou o que sou, é inteiramente distinta do corpo e, mesmo, é mais fácil de conhecer do que ele. Ainda que o corpo nada fosse, a alma não deixaria de ser tudo o que ela é.

DESCARTES, R. *Discurso do método*. 4ª parte. Trad. J. Guinsburg e Bento Prado Júnior. São Paulo: Nova Cultural, 1987, pp. 46-7. Trecho adaptado por Juvenal Savian Filho.

Texto 3. Henri Bergson (1859-1941), *O pensamento é independente do cérebro*

Se uma pessoa pudesse ver o interior de um cérebro em pleno funcionamento, e pudesse seguir o vaivém dos átomos e interpretar tudo o que eles fazem, essa pessoa conseguiria saber, sem dúvida, alguma coisa do que se passa no espírito; mas saberia bem pouca coisa. Conheceria apenas o que se exprime em gestos, atitudes e movimentos do corpo; conheceria também o que um estado de alma contém no momento em que acontece ou simplesmente enquanto está surgindo; o resto escaparia ao seu conhecimento. Com relação aos pensamentos e sentimentos que acontecem no interior da consciência, essa pessoa estaria na mesma situação de um espectador que vê com clareza tudo o que os atores de uma peça de teatro fazem sobre o palco, mas sem ouvir nada do que eles dizem. Sem dúvida, o vaivém dos atores, seus gestos e suas atitudes têm sua razão de ser na peça que eles apresentam; se conhecemos o texto, podemos prever mais ou menos os gestos, mas, se não o conhecemos, compreenderemos muito pouco caso só vejamos os movimentos. [...] Não quero dizer que um algum estado de alma corresponde a um estado cerebral determinado:

encontrem uma moldura; vocês não vão colocar dentro dela qualquer quadro, pois a moldura determina alguma coisa do quadro. Por exemplo, escolhendo uma moldura, ficam eliminados todos os quadros que não têm a mesma forma e as mesmas dimensões da moldura. Mas, se a forma e as dimensões coincidem, o quadro entrará na moldura. O mesmo ocorre com o cérebro e a consciência. [...] Mas um número muito grande de quadros pode encaixar-se numa moldura. Do mesmo modo, o cérebro não determina o pensamento; e, por conseguinte, ao menos em geral, o pensamento é independente do cérebro.

BERGSON, H. *L'énergie spirituelle*. Cap. II. Paris: PUF, 2005, pp. 42-3. Trecho traduzido por Juvenal Savian Filho.

Texto 4. Maurice Merleau-Ponty (1908-1961), *O ser humano é um sujeito encarnado*

Só entendemos a partir do momento em que o comportamento é tomado "em sua unidade" e em seu sentido humano. Não é mais a uma realidade material que devemos nos apegar, muito menos a uma realidade psíquica, mas a um conjunto significativo ou a uma estrutura que não pertence nem ao mundo exterior nem à vida interior. [...] Dizemos que alma "age" sobre o corpo, quando ocorre que nossa conduta tem uma significação espiritual, ou seja, quando ela não se deixa compreender por um jogo de forças físicas e por nenhuma das atitudes características da dialética vital. Na realidade, a expressão é imprópria [...]. Valeria mais a pena dizer, nesse caso, que o funcionamento corporal é integrado a um nível superior àquele da vida e que o corpo torna-se verdadeiramente corpo humano. Inversamente, diremos que o corpo agiu sobre a alma se o comportamento deixa-se compreender nos termos da dialética vital ou pelos mecanismos psicológicos conhecidos. [...] Seria mais exato dizer que o comportamento desorganizou-se para deixar lugar às estruturas menos integradas. Em suma, a pretensa ação recíproca reduz-se a uma alternância ou a uma substituição de dialéticas.

> MERLEAU-PONTY, M. *La structure du comportement*.
> Paris: PUF, 1942, pp. 246 e 274-5. Trecho traduzido
> por Juvenal Savian Filho.

EXERCITANDO A REFLEXÃO

1. Algumas questões para você compreender melhor o tema:

   1.1. Quantos passos deu René Descartes para chegar à certeza da existência do pensamento? Quais foram esses passos?
   1.2. Por que, segundo Descartes, a relação entre o corpo e a mente continua a ser um mistério?
   1.3. Quais os dois questionamentos que levaram Merleau-Ponty a discordar de Descartes?
   1.4. Seguindo a reflexão de Merleau-Ponty, em sua contraposição a Descartes, que importância tem a história de cada indivíduo para compreendermos melhor o que é o corpo?
   1.5. Como, no pensamento de Merleau-Ponty, a relação entre pensamento e palavra permite superar o pensamento de Descartes?

2. Desmontando e montando textos:

Depois de ler o texto 3, de Henri Bergson, e procurar num bom dicionário de Filosofia o significado dos termos que ainda não conhecemos bem, podemos "desmontá-lo" em duas partes ou dois momentos lógicos. Cada uma dessas partes está estruturada sobre uma metáfora:

Parte 1 – *metáfora de alguém que vê apenas os gestos de uma peça de teatro, mas não ouve o que dizem os atores:* o objetivo de Bergson é dizer que entender o funcionamento do cérebro não significa necessariamente entender a consciência do indivíduo;

Parte 2 – *metáfora da moldura e do quadro:* o objetivo de Bergson é dizer que a estrutura biológica do cérebro condiciona uma parte da consciência do indivíduo, mas não a determina completamente.

Escreva um texto para apresentar a posição de Bergson a respeito das relações entre o cérebro e a consciência. Uma boa estratégia é a de explicar o sentido das metáforas por ele empregadas.

3. Praticando-se na análise de textos:

3.1. Faça um levantamento dos termos que aparecem nos textos e você não conhece bem. Procure os significados num bom dicionário de português e num bom dicionário de Filosofia.

3.2. O texto 1, de Santo Agostinho, fala explicitamente do que seria o "homem exterior". Com base no próprio texto, o que poderíamos dizer que é o "homem interior"?

3.3. Compare o texto de Santo Agostinho com os textos de René Descartes e Maurice Merleau--Ponty e reflita: quais semelhanças e quais diferenças há entre as concepções de ser humano neles apresentadas?

3.4. Releia o texto de René Descartes e destaque as partes que provam a verdade da frase "*eu penso, logo existo*".

3.5. Releia o texto de Maurice Merleau-Ponty e reflita: por que, em vez de conceber o ser humano pela dualidade corpo-espírito, é melhor falar de um sujeito pensante?

4. Agora, algumas questões abertas para você refletir:

4.1. Analise esta afirmação do filósofo Blaise Pascal (1623-1662): "Não posso conceber o ser humano sem pensamento: seria uma pedra ou um animal."

4.2. Se aplicamos nosso tema corpo-mente às descobertas feitas pelos neurocientistas, veremos que, muitas vezes, eles só concebem o ser humano como corpo. Por exemplo, muitos acham que é possível aliviar os sofrimentos psicológicos das pessoas apenas com medicação. Isso significaria que basta entender o mecanismo do cérebro para entender a vida psíquica. A partir do que refletimos aqui, quais conclusões você tiraria sobre essa problemática?

4.3. Há diferença entre existir como pessoa e existir como coisa?

4.4. Somos mais livres quanto mais somos conscientes?

DICAS DE VIAGEM

Para você continuar sua viagem pelo tema corpo-mente, sugerimos:

1. Assista aos seguintes filmes, considerando as reflexões que fizemos neste livro:
- **1.1.** *Janela da alma,* direção de João Jardim e Walter Carvalho, Brasil, 2002.
- **1.2.** *Os cinco sentidos* (*The Five Senses*), direção de Jeremy Podeswa, EUA, 1999.
- **1.3.** *Vermelho como o céu* (*Rosso come il cielo*), direção de Cristiano Bortone, Itália, 2006.

2. Será certamente muito prazeroso se você puder ler (ou reler) *Alice no país das maravilhas*, de Lewis Carroll, deixando-se inspirar pelas discussões feitas nesse livro a respeito dos sentidos, da imaginação, dos sonhos etc. Há várias edições disponíveis em língua portuguesa. Em seguida, contemple as gravuras feitas especialmente para *Alice* pelo artista espanhol Salvador Dalí (1904-1989). Você pode encontrar as pinturas no *site* da William Bennett Galery:

http://www.williambennettgallery.com/artists/dali/portfolios/alice.php

3. Alguns poemas para inspirar sua reflexão:

AS CONTRADIÇÕES DO CORPO

Meu corpo não é meu corpo,
é ilusão de outro ser.
Sabe a arte de esconder-me
e é de tal modo sagaz
que a mim de mim ele oculta.

Meu corpo, não meu agente,
meu envelope selado,
meu revólver de assustar,
tornou-se meu carcereiro,
me sabe mais que me sei.

Meu corpo apaga a lembrança
que eu tinha de minha mente.
Inocula-me seus patos,
me ataca, fere e condena
por crimes não cometidos.

O seu ardil mais diabólico
está em fazer-se doente.
Joga-se o peso dos males
que ele tece a cada instante
e me passa em revulsão.

Meu corpo inventou a dor
a fim de torná-la interna,
integrante do meu Id,
ofuscadora da luz
que aí tentava espalhar-se.

Outras vezes se diverte
sem que eu saiba ou que deseje,
e nesse prazer maligno,
que suas células impregna,
do meu mutismo escarnece.

Meu corpo ordena que eu saia
em busca do que não quero,
e me nega, ao se afirmar
como senhor do meu Eu
convertido em cão servil.

Meu prazer mais refinado,
não sou eu quem vai senti-lo.
É ele, por mim, rapace,
e dá mastigados restos
à minha fome absoluta.

Se tento dele afastar-me,
por abstração ignorá-lo,
volta a mim, com todo o peso
de sua carne poluída,
seu tédio, seu desconforto.

Quero romper com meu corpo,
quero enfrentá-lo, acusá-lo,
por abolir minha essência,
mas ele sequer me escuta
e vai pelo rumo oposto.

Já premido por seu pulso
de inquebrantável rigor,
não sou mais quem dantes era:
com volúpia dirigida,
saio a bailar com meu corpo.

> Carlos Drummond de Andrade, "As contradições do corpo". In: *Corpo*. Rio de Janeiro: Record, 1984.
> Carlos Drummond de Andrade@Grana Drummond
> www.carlosdrummond.com.br

LUZ VERSUS LUZ

    de ilusão em ilusão
até a desilusão
    é um passo sem solução
um abraço
            um abismo
       um
         soluço
adeus a tudo que é bom

quem parece são não é
    e os que não parecem são

vertente

tente ver tente ver tanto até nada a ver a não ser espanto

Paulo Leminski, *La vie en close.*
São Paulo: Brasiliense, 2000, pp. 96 e 102.

COGITO

eu sou como eu sou
pronome
pessoal intransferível
do homem que iniciei
na medida do impossível

eu sou como eu sou
agora
sem grandes segredos dantes
sem novos secretos dentes
nesta hora

eu sou como eu sou
presente
desferrolhado indecente
feito um pedaço de mim

eu sou como eu sou
vidente
e vivo tranquilamente
todas as horas do fim.

Torquato Neto, "Cogito",1973. In: Paulo Roberto Pires, *Do lado de dentro*, Rio de Janeiro: Rocco, 2004. Originalmente publicado em Torquato Neto, *Os últimos dias de Paupéria*, 2ª ed., São Paulo: Max Limonad, 1985. Org. Ana Maria Silva Duarte e Waly Salomão.

LEITURAS RECOMENDADAS

As duas obras que estão na base de nossas reflexões, neste livro, são:

DESCARTES, R. *Meditações metafísicas.* Trad. Maria Ermantina Galvão e Homero Santiago. São Paulo: Martins Fontes, 2005.
MERLEAU-PONTY, M. *Fenomenologia da percepção.* Trad. Carlos Alberto Ribeiro e Moura. São Paulo: Martins Fontes, 1999.

Também sugerimos:

BERGSON, H. *A energia espiritual.* Trad. Rosemary C. Abílio. São Paulo: WMF Martins Fontes, 2009.
Coletânea de conferências de Bergson sobre temas de Psicologia e Filosofia. A marca característica é o retorno à intuição, o que permite o ajuste ao movimento livre e criador da vida e do espírito.

MORGAN, J. *Por que a ciência não consegue replicar, medicar e explicar o cérebro humano*. Trad. Laura Teixeira Motta. São Paulo: Companhia das Letras, 2002.
Livro muito instigante sobre o debate atual em torno da relação entre cérebro e mente.

LE BRETON, D. *Adeus ao corpo. Antropologia e sociedade*. Trad. Marina Appenzeller. São Paulo: Papirus, 2003.
Análise antropológica instigante em que se estuda a prática contemporânea de tomar o corpo apenas como suporte do indivíduo. Chega a questões ligadas ao biopoder e insiste no processo de desaparecimento do corpo e da alteridade.

MERLEAU-PONTY, M. *A estrutura do comportamento*. Trad. Márcia Valéria Martinez de Aguiar. São Paulo: Martins Fontes, 2006.
Análise filosófica das teorias psicológicas sobre o comportamento humano.

MIRANDA, E. E. *O corpo – território do sagrado*. São Paulo: Loyola, 2000.
Valendo-se de elementos extraídos da tradição bíblica, o autor analisa cada parte e cada órgão do corpo de um ponto de vista ricamente simbólico.

NOVAES, A. (org.). *O homem máquina: a ciência manipula o corpo*. São Paulo: Companhia das Letras, 2003.
Coletânea de conferências sobre o tema do corpo na história do pensamento ocidental e, sobretudo, na contemporaneidade.